Steuerzahler

Satz: DTP-Dompteuse
Druck + Bindung: Himmer, Augsburg
2 3 4 5 02 01 00 99 98
Auflage Jahr
(jeweils erste und letzte Zahl maßgeblich)

ISBN 3-8231-1064-0

Dieses Buch wurde auf chlorfrei gebleichtem Papier gedruckt.

Steuerzahler

Ein fröhliches Wörterbuch für widerborstige
Steuerzahler, ideenreiche Steuerberater
und all jene, die längst genug haben
vom Formularkrieg.

Von Klaus Göppert
mit Zeichnungen von Klaus Puth

TOMUS

Abfindungen

A

Abfindungen	Trennungsentschädigungen, die selbst der Staat nicht anzutasten wagt. Erst wenn aus der A. ein „golden handshake" wird, hält auch das Finanzamt die Hand mit auf.
Abgaben	Sammelbegriff für alle auf Grund der Finanzhoheit des Staates eingetriebenen Alimentierungen.
Abfindungsbrennerei	Ländlicher Erzeuger von Obstwässerchen, dessen Branntweinabgaben zum Erhalt von Infrastruktur und christlich-sozialer Wählerstimmen in vornehmlich bayerischen Regionen milde ausfallen.
Abgabenordnung (AO)	Bibel für Steuereintreiber.
Ability to pay principle	Grenzbelastung bei der Festlegung von Steuern.
Ablaufhemmung	Sand im Getriebe der Steuereintreibungsmaschinerie, der sie allerdings nur zeitweilig lähmt und über den sich der Steuerpflichtige mit Sicherheit zu früh freut.
Abschlußzahlung	Das hat man nun davon, daß man noch fleißiger als im Vorjahr war. Die A. muß meist dadurch aufgebracht werden, daß der Fleiß wiederum zunimmt.
Abschöpfung	Sahne, die von den Steuerbehörden im internationalen Agrargeschäft eingestrichen wird.
Abschreibungen	Mehrdeutiger Begriff. Siehe dazu unter Abschreibungsgesellschaften und AfA.
Abschreibungsgesellschaften	Eine Besonderheit des Steuerrechts, die zur Korrektur der allzu kapitalistisch ausgerichteten Gesellschaft geschaffen wurde. Anders als beim „Monopoly"-Spiel zählt hier zu den Gewinnern, wer nicht seinen Gewinn maximiert, sondern möglichst viel verliert. Deshalb

	finanzieren die A. meist Projekte, für die es rein wirtschaftlich betrachtet keinen Bedarf gibt. Sehr oft schädigen sie dabei nicht allein das Finanzamt, sondern auch den Steuersparer selbst und sorgen ausschließlich für eine Vermögensverlagerung zugunsten des Anlageberaters (siehe Wörterbuch „Bank und Börse“ im selben Verlag). Die A. des Betruges zu bezichtigen hieße, ihre gesellschaftspolitische Bedeutung nicht genügend zu bewerten.
Abschreibungsruinen	Mahndenkmäler dafür, daß Verluste allein auch nicht glücklich machen.
Addition	Grundrechenart, ohne deren Erfindung Steuerbelastungen erträglicher wären.
AfA	Sparkasse des Unternehmers.
AfaA	Seltener Zuschlag für AfA-Sparprämie.
Agrarpolitik, europäische	Gelungener Versuch zur Vernichtung erheblicher Summen von Steuergeldern.
Aktennotiz	Meist eigenwillige, schriftlich fixierte Zusammenfassung eines Gespräches oder Vorganges, die, nachdem die wirklichen Vorgänge in Vergessenheit geraten sind, Beweiskraft erlangt oder wenigstens den Autor entlastet.
Aktenvernichtungsmaschine	Gerät, das beim Eintreffen der Steuerfahndung auf Hochtouren läuft.
Aktenzeichen	Eine Mischung aus Buchstaben und Ziffern, die die Existenz eines steuerpflichtigen Menschen dokumentiert.
Aktien	Sterne am Kapitalhimmel, zu denen der Staat immer begehrlich aufblickt.
Aktivierung	Wie durch ein Wunder wird aus Aufwendungen und Betriebsausgaben genau das, warum sie eigentlich getätigt und womit ihr Auf-

Abschreibungsruinen

anonymes Sparen

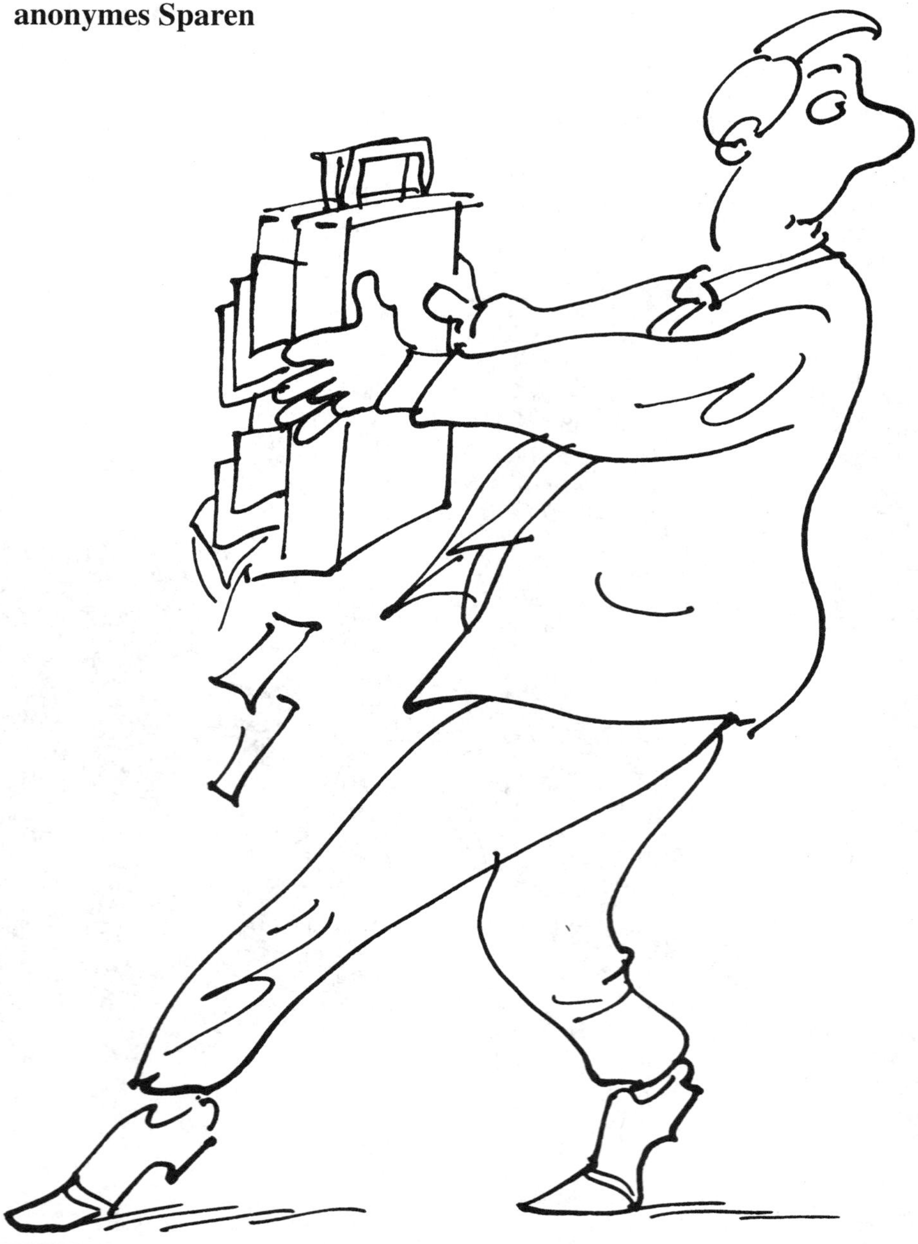

wand gerechtfertigt wird: langfristig zu realisierende Einnahmequellen eines Unternehmens. Aktivierungen sind bei Unternehmen beliebt vor Gesprächen mit Banken, weniger bei der Aufstellung der Steuerbilanz.

Alleinsteuer

Seit dem 16. Jahrhundert immer wieder angepriesenes Steuersystem, das allerdings einen grundsätzlichen Nachteil hat: Es ist im Gegensatz zu allen bestehenden Steuersystemen durchschaubar. Daran scheiterte bisher seine Realisierung.

Altenheim-Freibetrag

Summe, von der niemals ein Aufenthalt in einem Altenheim bezahlt werden kann.

Altersentlastungsbetrag

Respektbezeugung des Finanzamtes vor dem Alter, die man leider sonst in der Gesellschaft vielfach vermißt. Unterstreicht die staatstragende und gesellschaftliche Bedeutung der Finanzbehörden.

Amtshilfe

Jagdgemeinschaft.

Amtsplatz

Parkplatz vor dem Zollamt.

---

anonymes Sparen

Hintergrund für viele Reisen in die Schweiz, bei denen gut bewachte, krokolederne Aktenkoffer mitgeführt werden. Bei a. S. aus den USA setzten sich als Geldtransportbehälter zunehmend Plastiktüten durch. Siehe auch Künstlername.

Antidumpingzoll

Hindernis für den Hürdenlauf vor allem japanischer Produkte auf die europäischen Märkte, das von diesen meist recht schnell übersprungen wird. Zunehmend auch als erfolgloses Mittel zur Abwehr von Importen aus Taiwan im Gespräch.

Äquivalenzprinzip

Ideal von einer ausgeglichenen Steuerbelastung, die sich mit den Vorteilen deckt, die der Staat dem Steuerzahler offeriert. Diese theoretisch faszinierende Idee scheitert jedoch an der Habgier des Menschen, vor der auch die Steuerbehörden nicht gefeit sind.

Arbeitsvermittlung

Eine privatwirtschaftlich betriebene A. ist zwar gesetzlich verboten, dennoch steuerrechtlich durchaus relevant. Nur bekommt das Kind da einen anderen Namen.

Arbeitszimmer

Späte Rache der Finanzbeamten an den ebenfalls staatsbediensteten Lehrern, deren Privileg zur Absetzung des A. ihnen schon immer ein Dorn im Auge war.

Aufbau Ost

Unter dem Deckmantel der Förderung der Wirtschaft in den neuen Bundesländern geschaffene Steueroase, die das Vorgängermodell Berlinförderung (siehe dort) abgelöst hat. Der A. wurde zu einem Demonstrationsmodell für die Perfektion deutscher Organisationskunst. Als eine der wirksamsten Steueroasen der Welt sorgte der A. dafür, daß innerhalb weniger Jahre die Einkommensteuereinnahmen von über 40 Milliarden Mark gegen Null tendierten. Finanzverwaltungen in Millionärssiedlungen wie Baden-Baden, Hamburg-Nienstedten oder Kronberg im Taunus konnten ihre Arbeit weitgehend einstellen.

Aufmerksamkeiten

Leider sind es steuerrechtlich betrachtet nicht immer die kleinen Geschenke, die die Freundschaft erhalten.

Ausbildungsfreibetrag

Aufmunterung des Finanzamtes durch den Ansatz kleiner Merkposten als abzugsfähige Pauschalen, Kinder so lange zur Schule zu schicken, bis gewisse Hoffnungen bestehen, daß sie später nicht der Sozialfürsorge zur Last fallen und damit erheblich größere Ausgaben des Staates erfordern, als es der Einnahmeverlust während der Zeit der Ausbildung darstellt.

Auskunftspflicht

Durch ihre Handhabung der A. weisen die Finanzbehörden darauf hin, daß sie und nicht die Gerichte die erste Macht im Staate sind. Denn während der Angeklagte vor Gericht ein Aussageverweigerungsrecht hat, kennt das Steuerrecht derartige Verschleierungstaktiken nicht.

Ausbildungsfreibetrag

Auslandstagegelder	Bewußt niedrig und nicht annähernd den wirklich entstehenden Kosten angepaßte Pauschalsätze, um die Fernreiselust des Steuerzahlers zu dämpfen.
Aussageverweigerungsrecht	Neumodisches, die Strafverfolgung nur behinderndes Recht des Angeklagten im Strafrecht, das im Steuerrecht glücklicherweise noch unbekannt ist (siehe Auskunftspflicht, Mitwirkungspflicht des Steuerpflichtigen).
Außenprüfung	Kundenbesuch des Finanzamtes, das wie jedes Auftauchen eines guten Vertreters meist mit Kosten verbunden ist.
Austritt	Freiwilliges Ausscheiden eines Partners aus einer Gesellschaft oder einem Verein. Beim Finanzamt endet die Mitgliedschaft erst nach dem Ableben. Und selbst dabei sind noch besondere Formalitäten (siehe Erbschaftssteuer) zu erfüllen.
Autobahn	Steuerliches Damoklesschwert über den Häuptern der Autofahrer, dessen Halteseile trotz massiver Stützungsmaßnahmen der Autolobby bedenklich mürbe geworden sind.
Automatensteuer	Wer auf die Idee gekommen ist, die Abgabe für die einarmigen Banditen unter die Rubrik „Vergnügungssteuer“ (siehe dort) einzureihen, hat wohl noch nie einsam vor einem Daddelautomaten gestanden und zusehen müssen, wie Mark um Mark in dem Automaten verschwand.
Autotelefon	Statussymbol eines Einkommensteuerpflichtigen.

Autotelefon

Berufskleidung

B

Bagatellsteuern	Creativshop der Steuerbehörden.
Banken	Als traditionelle Stützen des immer verschuldeten Staatswesens genießen sie das Privileg der Umsatzsteuerbefreiung. Sie haben sich damit ein von den Mächtigen immer angestrebtes Privileg wenigstens teilweise erfüllen können. Zur weiteren Information über die Geheimnisse des Bankgeschäftes sei auf das im selben Verlag erschienen umfassende Nachschlagewerk „Bank & Börse“ verwiesen.
Baudenkmäler	Auch das Finanzamt schätzt schöne alte Häuser. Dem Steuerpflichtigen wird allerdings spätestens bei der Frage nach einschlägigen Bescheinigungen klar, daß er es nicht mit Fachleuten zu tun hat.
Bauherrenmodell	Konzept zur Abschöpfung überflüssiger Gelder vor allem von gut verdienenden Selbständigen, das auf der wundervoll klingenden Rechnung beruht, die Steuer bezahle alles. Meist sind es kleine Abweichungen von dem Rechenmodell, die nach dem fröhlichen Richtfest das Ganze in einem trüberen Licht erscheinen lassen.
Beerdigung	Aus der Sicht des Steuerzahlers eines der wenigen freudigen Erlebnisse seines Lebens, kann er doch die Kosten dieses privaten Ereignisses von der Lohn- und Einkommensteuer absetzen.
Berlinförderung	Erster, noch zu Zeiten der deutschen Teilung unternommener Versuch zur Schaffung einer Steueroase. Wurde begünstigt durch die für derartige Einrichtungen bevorzugte Insellage der Stadt, wobei statt der Meere Wellen die für Kapitalisten ebenso feindlichen Fluten des Kommunismus die Stadt imbrandeten. Abgelöst durch den Aufbau Ost (siehe dort).
Berufskleidung	Nach Meinung des Finanzamtes sollten in den meisten Büros und vielen Produktionsstätten große FKK-Etagen eingerichtet werden.

Betriebsprüfung

In Konzertsälen spielten befrackte Musiker vor nacktem Publikum, in Gaststätten servierten danach Kellner ebenso im Dienstfrack ihren unbekleideten Gästen.

Bestechung In sogenannten Bananenrepubliken gebräuchliche Art der Zusammenarbeit mit Steuerbehörden, die sich jedoch in der Bundesrepublik auf breiter Basis nicht hat durchsetzen können, was weniger an den hierzulande nicht wachsenden Bananen liegt als daran, daß die zuständigen Beamten das Fehlen von Gesetzen monieren, die die Besteuerung der B.-Gelder regeln.

Betriebsausflug Maßnahme zur Verbesserung der innerbetrieblichen Kommunikation, bei der meist große Mengen von Alkohol steuermindernd eingesetzt werden, um dieses Ziel zu erreichen. Achtung: Das Alka-Selzer zur Bekämpfung des stechenden Kopfschmerzen am nächsten Morgen kann nicht von der Steuer abgesetzt werden.

Betriebsprüfung Erschließen zusätzlicher, nach Meinung der Steuererheber noch nicht vollständig ausgeschöpfter Einnahmequellen. Als Außenprüfung (siehe dort), für die Steuerbeamten auch als Ausflug vom tristen Job am Schreibtisch zu sehen.

Bewertungsstabilität Bilanzrichtlinie zum Schutz der Steuerprüfer vor allzu großer intellektueller Beanspruchung.

Bewirtungsspesen Subventionsmaßnahme der Steuerbehörden für die notleidende Gastronomie. Ein Teil der dafür ausgeworfenen Gelder wird allerdings durch die Erhebung von Sondersteuern wie der Alkohol-, Sekt-, Mehrwert- und Gewerbesteuer wieder eingetrieben.

Biermengensteuerstaffel Kleines Dankeschön wohlmeinender Abgeordneter für die Wählerstimmen der benachbarten Brauerei und deren Kunden im Biergarten um die Ecke.

Biersteuer Bemühungen des Staates, der Bildung ausgeprägter Kugeln in der Leibesmitte vorzubeugen, die je nach Region einen anderen Namen

Botschaft

haben. Im Norden heißen sie beispielsweise Holstenkugel, im Westen Hannenkugel, im Süden Paulanerkugel.

Bilanzfälschung	Fiskalisch gesehen eine meist durchaus positive Maßnahme. Hat sich jedoch wegen der Trägheit der Steuerbehörden nicht allgemein durchsetzen können. Denn die sind von den unerwartet positiven Unternehmensergebnissen so überrascht, daß sie ihre Forderungen erst erheben, wenn nichts mehr zu holen ist.
Bilanzpolitik	Im allgemeinen gegen die Interessen der Finanzbehörden gerichtete Strategie, mit der der Finanzvorstand (siehe dort) oder Steuerberater (siehe dort) die Höhe seiner Bezüge zu rechtfertigen sucht.
billige Flaggen	Von Schiffen bevorzugte Steueroasen (siehe dort). Von exotischen Plätzen aus verbreiten sie sich wie eine Epidemie, siedeln sich zunehmend in traditionellen Steuerabschöpfungsgebieten an und drohen diese gänzlich zu zerstören.
Botschaft	Kleine Steueroase inmitten feindlicher, steuereintreibender Umgebung.
Brachenspanne	Abmessungen für Lochgröße der Siebe, durch die Steuersünder hindurchfallen.
Brandschäden	Spezielle Sanierungsform, wegen der damit verbundenen Hitzeentwicklung auch warme Sanierung genannt. Die Hauptlast dabei trägt allerdings die Versicherung, der Fiskus trägt nur teilweise zur Gesundung des Unternehmens bei.
Branntweinsteuer	Mißlungener Versuch, durch Wucherzinsen die Menschen vom übermäßigen Trinken abzuhalten (siehe auch Skandinavien).
Bruttogewinn	Davon wird nicht einmal das Finanzamt reich.
Bücher	Im Sinne des Umsatzsteuergesetzes Güter, die Blindenhunden gleichzusetzen sind.

Buchgewinn	Ergebnis eines Rechenkunststückes.
Bund der Steuerzahler	Bauernverband für Steuerzahler, gegenüber dem Vorbild jedoch vergleichsweise machtlos. Zu seinen vornehmsten Aufgaben gehört die Herausgabe eines Jahresberichtes, der die glänzendsten Beispiele staatlicher Verschwendungssucht aufspürt und diesen sowie ihren Verursachern große Publizität und bleibenden Ruhm sichert.
Bundesbank-Gewinne	Alimentierungen zur Bewältigung der Ausgabensucht des Bundesfinanzministers (siehe dort). Neu für diesen spendablen Herrn ist die Erfahrung, daß auf die B. nicht immer Verlaß ist.
Bundesfinanzhof	Schiedsrichtergremium, das darüber zu wachen hat, daß im fiskalischen Catch-as-catch-can eine genügende Anzahl von Steuerzahlern überlebensfähig bleibt.
Bundeshaushalt	Summe der Gelder, die der Finanzminister in einem Jahr zu verschleudern gedenkt. Meist reicht die Summe der von der Steuerzahlern erpreßten Gelder dafür nicht aus (siehe Staatsverschuldung).
Bundesrechnungshof	TÜV, der das Finanzgebaren des Bundes nach rostigen Stellen abklopft.
Bundesregierung	Leitende Angestellte eines von den Steuerzahlern getragenen Unternehmens.
Butterberg	Gelungener Versuch, in den gemäßigten Breiten der Europäischen Gemeinschaft mit Hilfe von Steuergeldern Eisberge zu schaffen.
Butterschiffe	Vom Finanzamt finanzierte Ausflugsflotte für Rentner. Das großzügige Steuergeschenk ist als sozialengagierter Versuch des Finanzamtes zu werten, den Vielfliegerbonus (siehe Duty Free) auch anderen, weniger privilegierten Bevölkerungsschichten zugute kommen zu lassen. Leider auch ein Auslaufmodell.

Bundeshaushalt

Daunen

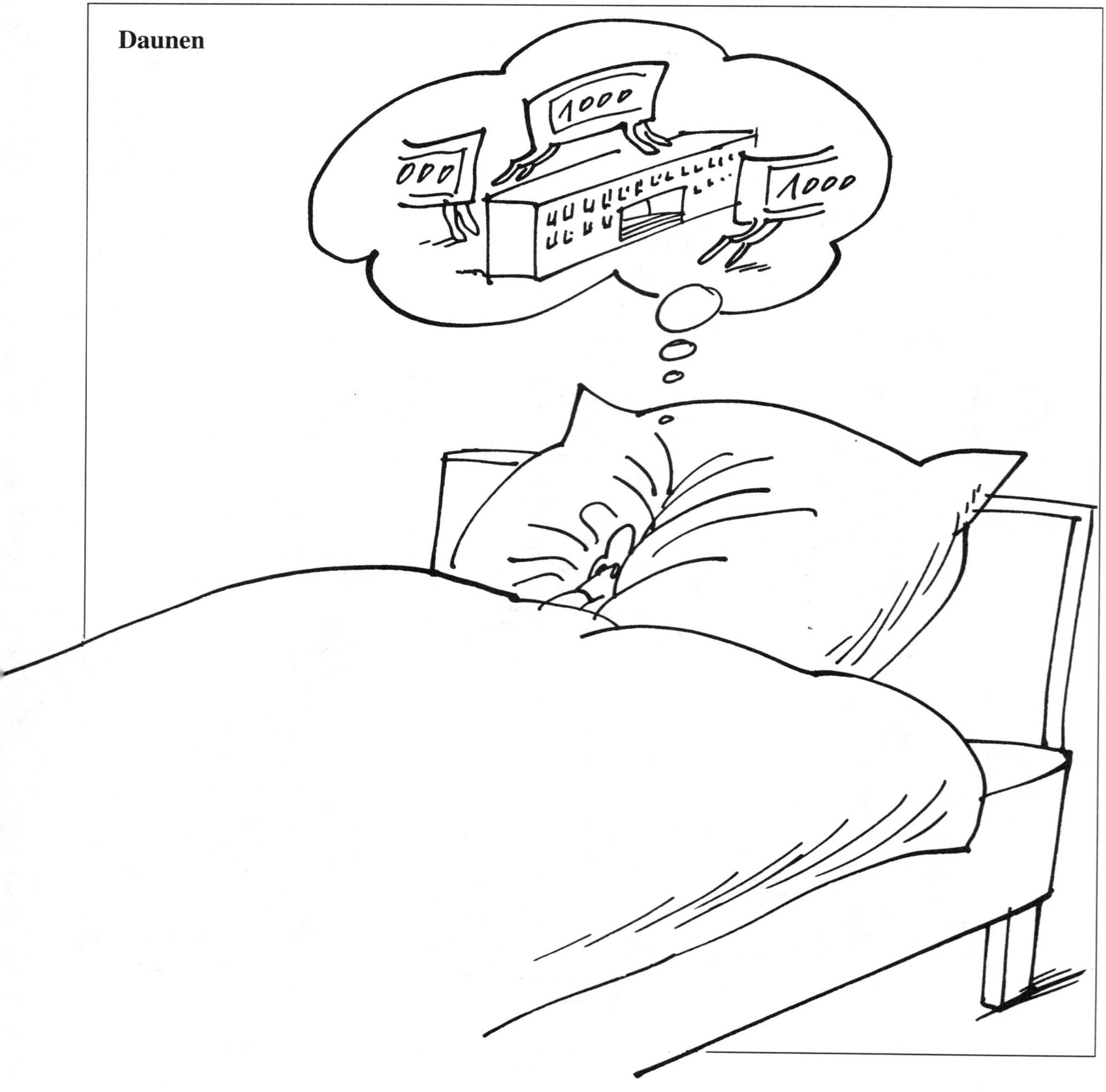

C

Champagner	Beliebte Waffe der Spesenritter (siehe auch Veuve Cliquot).
Controller	Hund mit fein ausgebildeter Nase, der fremde und unerwünschte Duftmarken aufspürt und sie durch eigene ersetzt.
Controlling	Versuch, schönklingende Phrasen über Unternehmensentwicklung und Unternehmensziele aus der Chefetage in die Niederungen des Unternehmensalltages zu transferieren. Man bedient sich dazu des Controllers (siehe dort).
Customs Co-operation Council (CCC)	Verein von Wünschelrutengängern im internationalen Zolldickicht, die sich regelmäßig zu Kulturveranstaltungen in Brüssel treffen.

D

Damnum	Den beim D. auftretenden, krankhaften Schrumpfungsprozeß eines Darlehens versucht der Staat dadurch aufzuhalten, daß die Differenz als einkommensmindernd bewertet wird.
Datenfluß	Wasserlauf, der im Bereich der öffentlichen Verwaltung mit zahlreichen Schleusen versehen ist.
Datenverarbeitung	System zur Komplizierung und Verzögerung aller Vorgänge in Wirtschaft und Verwaltung, das auch in den Steuer- und Finanzbehörden Einzug gehalten hat und dort wie ein verrückter Troll sein Unwesen treibt.
Daunen	Als Beweis für das hohe Maß an Fürsorge, das der Staat seinen Bürgern entgegenbringt und wie sehr er um den gesunden Schlaf seiner Untertanen und Finanziers besorgt ist, verzichtet er bei D. auf die Hälfte des eintreibbaren Mehrwertsteuersatzes.

Deckungsbeitragsrechnung Fein ausgeklügeltes System, bei dem selbst in einem Unternehmen, das Verluste macht und in die Pleite steuert, überall Gewinne gemacht werden.

Deficit spending Das D. unterscheidet sich vom gemeinen Schuldenmachen vor allem dadurch, daß für die Ausgabe des nicht vorhandenen Geldes wohlklingende Pläne gemacht werden. In ihnen taucht immer wieder der Name des Briten John Maynard Keynes auf, der allerdings verstorben ist und sich über die Angemessenheit der Berufung auf die von ihm einst aufgestellten Theorien nicht mehr äußern kann.

Deputat Der Staat ißt und trinkt kräftig mit. Lediglich beim Bier gibt er sich enthaltsamer.

Devisenreserven Spielgelder, mit denen Banken und Unternehmen versuchen, die natürlichen Abläufe auf den internationalen Märkten in ihrem Sinne zu beeinflussen.

Dienstalter Qualifikationsmerkmal für Beamte, das sich ohne allzu große Anstrengungen einstellt.

Diensterfinder im Sinne des Steuerrechts Jemand, der sein Hobby zum Beruf gemacht hat, in seiner Arbeitszeit mit Erfinden beschäftigt ist und sich deshalb im Gegensatz zum freien Erfinder in seinen Mußestunden anderen Tätigkeiten widmen kann. Steuerlich ist der D. dem freien Erfinder gleichgestellt, soweit es um die über das Gehalt hinausgehende Vergütung geht.

Diensterfindungen Vertragserfüllung eines Diensterfinders (siehe dort) während der gesetzlichen Arbeitszeit.

Dienstgang Möglichkeit, steuerschuldmindernd die nähere Umgebung des Arbeitsplatzes zu erkunden. Bei den inzwischen gestiegenen Schuhmacherkosten ist zu raten, zum D. auf Schuhe mit Ledersohlen zu verzichten und auf verschleißärmere Gummisohlen auszuweichen. Der D. ist auch als Möglichkeit der steuerlichen Sportförderung an-

Diensterfinder im Sinne des Steuerrechts

	zusehen, da auf dem D. Entfernungen bis zu 15 Kilometern zurückgelegt werden können.
Dienstreise	Fortbildungsmaßnahme, die von einer weitreichenden Veränderung der herkömmlichen Wirtschaftsstrukturen kündet. Gut in Erinnerung ist noch das in der Kindheit gelernte Lied „Wem Gott will rechte Gunst erweisen, den schickt er in die weite Welt". Die Aufgabe der Finanzierung derartiger Maßnahmen haben inzwischen weitgehend die Finanzämter übernommen.
Dienststrafverfahren	In seiner unendlichen Fürsorge für seine Beamten tröstet der Staat durch die steuerliche Absetzbarkeit der Kosten eines D. über die Schmach eines derartigen Mißgeschicks hinweg. Ungeklärt in der Fachliteratur ist bisher, ob die Absetzbarkeit unter der Rubrik „Werbungskosten" (siehe dort) das D. als Maßnahme zur Steigerung der beruflichen Qualifikation des Beamten einstuft und damit der langfristigen Sicherung der Einnahmen dient.
Doppelbesteuerung	Idealfall, bei dem ein Steuerpflichtiger sowohl in dem Land, in dem er sein Geld verdient, als auch in dem, das seinen Paß ausgestellt hat, Steuern bezahlt. Leider ist das Doppelspendertum bei den Betroffenen nicht populär geworden.
Doppelbesteuerungsabkommen	Wirksamer Schutz gegen Überfischung von steuerpflichtigen Ausländern.
Duldungsbescheid	Einladung, der Ausplünderung eines Steuerpflichtigen beizuwohnen. Bei Steuereintreibungen durch nicht gesetzlich verankerte Körperschaften wie die Mafia wird die schriftliche Einladung auch durch das Vorhalten einer Pistole ersetzt.
Duty-free-Shop	Ausgleich des Finanzamtes für Vielflieger, die sich angesichts der Auslandstagegelder (siehe dort) keinen Schlaftrunk leisten können. Daß gerade die vielfliegenden Europapolitiker dieses Privileg in Frage stellen konnten, haben sie sich selbst sicher nicht träumen lassen.

eheähnliche Gemeinschaft

E

eheähnliche Gemeinschaft	Nicht lizenziertes Zusammenleben, das dementsprechend fiskalisch als nicht bestehend behandelt wird.
Ehefrau, getrennt lebende	Steuerrechtlich gesehen eine Sonderausgabe.
Ehegattenarbeitsverhältnis	Geschickt getarnte familienpolitische Maßnahme der öffentlichen Hand. Durch die steuerliche Gleichstellung der mitarbeitenden Ehefrau wird dem Geschäftsmann vor allem der Kontakt zu einer Geliebten erschwert. Auch juristisch trägt das geschlossene Arbeitsverhältnis zur Erhaltung der Ehe bei. Denn es ist weitaus leichter, die Scheidung durchzusetzen als die Kündigung eines Mitarbeiters.
Ehegattensplitting	Auch im Steuerrecht gilt der Grundsatz: Geteiltes Leid ist halbes Leid.
Eigenheimzulage	Bausteine fürs Eigenheim.
Eigenverbrauch	Den soll das Finanzamt einem Wirt erst einmal nachweisen.
Einfuhr	Grund, ein Gut mit einer Steuer zu belegen.
Einkommen	Das rote Tuch für den Steuerstier.
Einkommensteuer	Versuch des Finanzamtes, soziale Unterschiede zu nivellieren.
Einkommensteuer-Richtlinien	Anweisung zur Anwendung möglichst gleicher Methoden zur Erpressung von Abgaben. Soll dem Steuerpflichtigen das Gefühl einer gerechten Behandlung vermitteln.
Einkommensteuer-Tabelle	Fahrplan des Finanzamtes.
Einspruch	Zaghafter Versuch, gegen allzu üppige Zuschläge bei der Steuerfestsetzung zu protestieren.

Eigenverbrauch

Einwegverpackungen	Neu erschlossene Einnahmequelle (siehe Grüner Punkt). Einigen Kommunen gelang es nach langem Rechtsstreit, diese nach dem Prinzip der Quellensteuer konzipierte Zwangsabgabe auf die Benutzung von Einweggeschirr und Einwegbesteck auszuweiten, was jedoch den Siegeszug der Hamburger-Kultur nicht aufhalten konnte.
Emissionsabgabe	Versuch des Fiskus, durch die finanzielle Belastung Umweltsünder von ihrem schädlichen Tun abzubringen, der seine Grenze allerdings in der Praxis bei der Bestimmung der optimalen Höhe der E. findet.
Emissionsabgabe, optimale Höhe der	Gemeinsam mit der betroffenen Industrie gefundener Kompromiß, der die Ziele der Emissionsabgabe weitgehend egalisiert.
Empfangsbevollmächtigte	In jedem Fall die Ehefrau. Sonst wird es kompliziert.
Entrepeneur	Ausdruck für einen Unternehmer, der mit neuen Ideen und Produkten zu weitreichenden Hoffnungen der Steuereintreiber berechtigt.
Entwicklungsländer	Ein guter Weg, hier nicht mehr gebrauchte Maschinen steuergünstig loszuwerden. Er ist dem Verschenken vorzuziehen, da Kapitalinvestitionen in E. zu den wenigen Möglichkeiten zählen, steuerfreie Rücklagen zu bilden.
Erbe	Einer, der lacht, bis ... (siehe Erbschaftssteuer).
Erbfolge	Hackordnung für Erben.
erblassen	Verbale Form untengenannter Tätigkeit.
Erblasser	Vermögender, der angesichts der Freude seiner Angehörigen über sein bevorstehendes Ableben die Gesichtsfarbe verliert.
Erbschaftssteuer	Später Güteerweis des Finanzamtes für den Verstorbenen. Denn das Finanzamt sorgt dafür, daß die Freude über das Erbe nicht allzu üppig ausfällt.

Entwicklungsländer

Essenszuschuß

Erfinder	Wünschelrutengänger der Steuereintreiber. Die E. werden als Hätschelkinder des Steuerrechts dazu animiert, durch ihre Erfindungen langfristig wieder neue Steuerquellen zu erschließen.
Ergänzungsabgabe	Schlafende Steuer, die vom Steuerzahler mit Argwohn beobachtet werden sollte. Sie taucht immer wieder unter neuem Namen auf und sorgt einige Jahre für zusätzliche Ströme in die Staatskassen. Gegenwärtig tritt sie unter dem Pseudonym Solidarzuschlag auf (siehe dort).
Ermessensspielraum	Zimmer, in dem Finanzbeamte ungern spielen.
Erpressung	Maßnahmen zur steuerfreien Einkommenserlangung, die von den Betroffenen allerdings selten in ihre mittelfristige Finanzplanung aufgenommen werden und deshalb immer wieder bei ihnen auf Widerstand stoßen. Zur regelmäßigen Einkommenssicherung deshalb nur bedingt zu empfehlen.
Ertrag	Eine der wichtigsten Pflanzen, aus denen das Steueraufkommen erwächst. Zur Abwehr unübersehbarer Risiken wurden zudem ertragsunabhängige Steuern erfunden.
Essenszuschuß	Erfolgreicher Anstoß zum Aufbau eines neuen Dienstleistungszweiges, der nur noch der Form halber etwas dem fiskalisch gewährten E. ähnelt. Die gesamte Verwaltung der ausgegebenen Essensgutscheine sowohl im Betrieb als auch bei den einlösenden Unternehmen und den extra zu diesem Zweck gegründeten Abrechnungsstellen kostet ein Vielfaches des aufgedruckten Betrages. Musterbeispiel für die Mitwirkungsmöglichkeit der öffentlichen Hand bei der Erhaltung und Schaffung von Arbeitsplätzen.
Essigsteuer	Selbst Saures gibt es nicht umsonst.
Eventualhaushalt	Oft real werdende Wunschträume, mit denen sich ein Finanzminister über Sachzwänge hinwegsetzen kann.

F

Fachbuch	Geschenk für die vernachlässigte Ehefrau, von diskreten Steuerbeamten meist auch so eingeschätzt.
Fahrtkosten	Durch die Anerkennung der Aufwendungen für die Fahrt zwischen Wohnung und Arbeitsplatz als Werbungskosten bemüht sich der Fiskus um die Stabilisierung der Inlandsnachfrage für die Automobilindustrie. Bedenken gegen die dadurch geförderte Zersiedlung der Landschaft im Umkreis der beschäftigungsintensiven Ballungszentren müssen angesichts der Bedeutung der Automobilindustrie für die Volkswirtschaft in den Hintergrund treten.
Fehlgeldentschädigung	Mit ihr trägt das Finanzamt der Tatsache Rechnung, daß der Matheunterricht in den Schulen auch nicht mehr das ist, was er einst war.
Feuerschutzsteuer	Steueraufkommen der Länder, dessen Volumen gerade dazu ausreicht, alle Feuerwehrautos in schönen roten Farben anzumalen. Dafür gibt sicher jeder gerne.
Finanzadel	Adel, der sich selbst dafür hält.
Finanzamt	Das Gebäude, auf das der Steuerzahler besonders stolz sein sollte und das in manchen Städten deshalb auch besonders prunkvoll ausgefallen ist. Denn es zeugt von der Wirtschaftskraft einer Stadt. Im Gegensatz zu anderen repräsentativen Bauten wie etwa Opernhäusern handelt es sich beim F. um eine wahrhaft demokratische Einrichtung, die sich um alle Bürger kümmert.
Finanzausgleich	Das, was vom Steuerkuchen übrigbleibt, nachdem sich der Bund bedient hat. Über den weiteren Streit um den verbliebenen Rest siehe Länderfinanzausgleich.
Finanzbehörden	Hilfskräfte, die dem Finanzminister ebenso beim Eintreiben wie beim Ausgeben der Steuern zur Seite stehen.

FINANZAMT

Finanzbericht	Beruhigende Worte, die der Finanzminister für die über das Volumen seines Haushaltes Beunruhigten findet.
Finanzbuchhalter	Jemand, der mit Summen umgeht, von denen er nicht einmal zu träumen wagt.
Finanzplanung, kurzfristige	In höchstem Maße ideenreiches Stopfen von gefährlichen Finanzierungslöchern.
Finanzplanung, langfristige	Freie Dichtung, die meist ein ganz besonders hohes Maß an Phantasie verrät.
Finanzplanung, mittelfristige	Begehrtes Märchenbuch, geschrieben im Glauben an den Sieg des Guten.
Finanzpolitik, antizyklische	Keynesianischer Traum von der Allmacht staatlicher Wirtschafts- und Finanzpolitik.
finanzschwach	In gehobenen Kreisen gebräuchlicher Ausdruck für ein Unternehmen, eine Kommune oder ein Land, das oder die im Umgangsdeutsch schlicht pleite genannt wird.
Finanzspritze	Starkes Antibiotikum, das meist gerade so lange wirkt, daß der Patient den Umschlag mit der Rechnung dafür noch aufreißen kann.
Finanzvorstand	Das Mitglied in der Führungsspitze einer Aktiengesellschaft, das am besten seine Schlitzohrigkeit hinter der Fassade eines makellosen blauen Anzuges versteckt.
Firmenauto	Ärgernis für die Steuerbeamten, die kein F. zur Verfügung gestellt bekommen. Zur Abreaktion des daraus entstehenden Minderwertigkeitskomplexes wird dieses Privileg besteuert.
Firmenmantel	Kleidungsstück, das besonders gut wärmt, wenn es mit einem Verlustvortrag (siehe dort) gefüttert ist.

finanzschwach

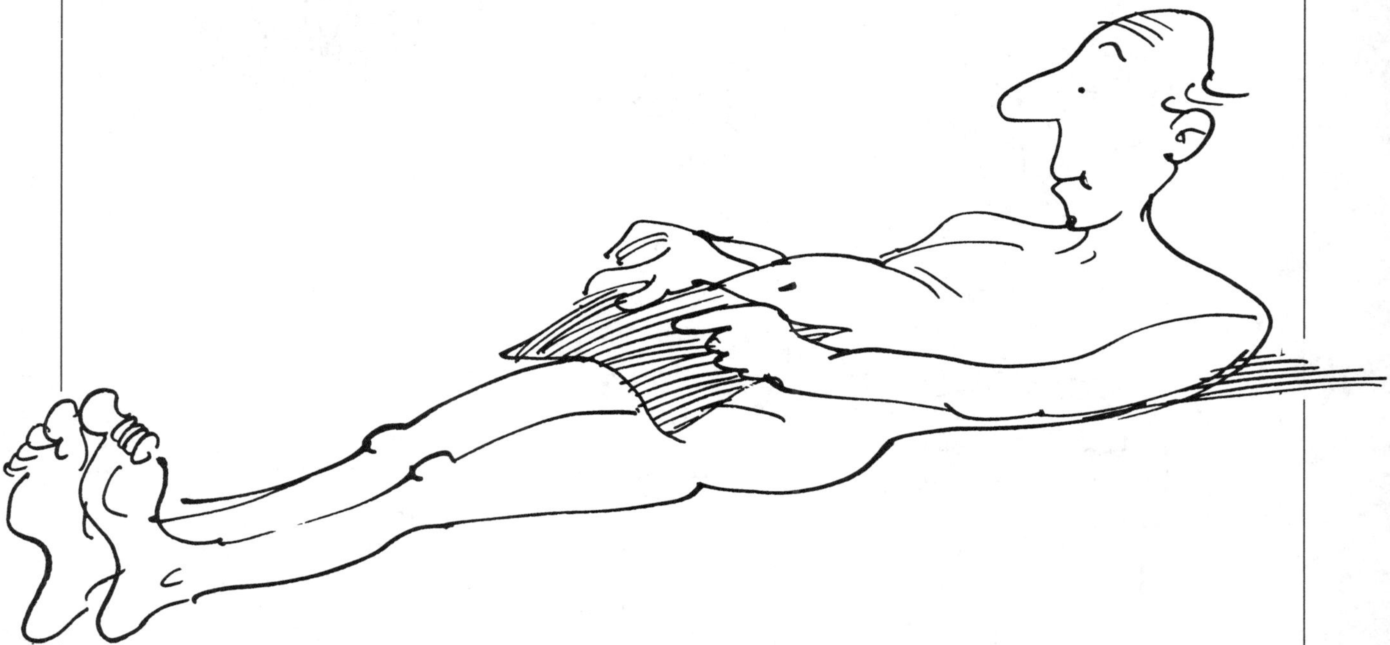

Frühstücksbuffet

Firmenwert	Etwas schwer Anfaßbares, das sich steuerrechtlich ohnehin nach 15 Jahren verbraucht hat.
Fischereisteuer	Erklärung dafür, warum Angler meist mit getrübtem Blick ins Wasser starren. Denn die Steuer wird auch fällig, wenn kein Fisch beißt.
fixe Kosten	Geld, das verdammt schnell weg ist.
Formfehler	Unstimmigkeit beim Akt.
Freibetrag	Spielgeld, das dem Steuerzahler nach dem Motto „Wer den Pfennig nicht ehrt, ist des Talers nicht wert" überlassen wird.
Freihafen	Nationalpark für exotische Waren aus aller Welt, die von Zöllnern hinter hohen Gittern gut bewacht werden.
Frühstücksbuffet	Die einzige ordentliche Malzeit, die sich ein Geschäftsreisender von der Verpflegungspauschale leisten kann (siehe dort).
Frustration	Zustand des Steuerzahlers, dem durch Steuerreformen (siehe dort) entgegengewirkt werden soll.
Fußgänger	Prähistorisches Subjekt, das im Steuerrecht zum Beispiel bei seiner Bewegung zwischen Wohnort und Arbeitsstätte nicht mehr vorkommt. Spielt lediglich beim Dienstgang (siehe dort) noch eine gewisse Rolle.

G

Gebisse	Daß sie eine außerordentliche Belastung darstellen, haben auch die Finanzbehörden erkannt.
Geburtenbeihilfen	G. des Arbeitgebers sind nicht steuerpflichtig, solange sie den Wert eines Strampelanzuges nicht wesentlich überschreiten.

Geld, schwarzes Dunkle Scheine, die aus irgendwelchen Gründen das Finanzamt passiert haben. Gefahr droht, wenn das schwarze Geld, in große Villen, Ferienhäuser oder Luxusjachten umgewandelt, eine die Finanzbeamten blendende Leuchtkraft entwickelt.

Geldwaschanlage Spezialinstitute zur Reinigung von Geldern, die dem Zugriff der schmutzigen Hände der Steuereintreiber entkommen konnten.

geldwerter Vorteil Steuereinnahmequellen, die der Fiskus hinter allen noch so kleinen, einem Arbeitnehmer zufließenden Annehmlichkeiten vermutet.

Gemälde Kunstwerke an der Wand erfreuen nicht nur den Besitzer, sondern auch das Finanzamt, das sie von einem gewissen Preis an nicht mehr als Gegenstände der Kultur ansieht, sondern als Vermögenswerte.

Gemeindefinanzmasse Ein Beitrag, der im krassen Mißverhältnis zu den Kosten für den Bau des neuen Rathauses, des beheizbaren Schwimmbades sowie der Mehrzweckhalle steht.

Gemeinkostenwertanalyse Von einer traditions- und herzlosen amerikanischen Beratungsgesellschaft in der Bundesrepublik eingeführte Kosteneinsparmethode, die dem mittleren Management völlig ungewohnte Kreativität abverlangt und damit das gewohnte Betriebsklima gefährdet. Die G. unterscheidet sich von bisher angewandten Rationalisierungsmethoden vor allem dadurch, daß mit ihr nicht der Ablauf einer immer getanen Arbeit vereinfacht wird, sondern ohne Respekt vor der Leistung von Generationen auf diesem Arbeitsplatz nach dem Sinn und Nutzen dieser Tätigkeit gefragt wird.

Geschäftsgang Als würdevoller Auftritt eines Einkommensteuerzahlers unterschied sich der G. von dem Dienstgang (siehe dort) vor allem durch die höhere Abnutzung der Ledersohle gegenüber dem gummiarmierten kräftigen Schuhwerk. Die steigende Beliebtheit von sportlichen,

Gemeindefinanzmasse

	schuhähnlichen Beinbekleidungen in allen Gesellschaftsschichten verwischt jedoch die Unterschiede zunehmend.
Geschäftsreise	Dienstreise für gehobene Chargen der Einkommensteuerzahlenden, während Lohnsteuerzahler sich mit einer Dienstreise (siehe auch dort) zufrieden geben müssen.
Geschenke	Das Steuerrecht hat das Sprichwort „Kleine Geschenke erhalten die Freundschaft" tief verinnerlicht.
Geschwindigkeitsbegrenzung	Aus fiskalischer Sicht unsinnige und einkommensmindernde Maßnahme (siehe Mineralölsteuer).
Getränkesteuer	Versuch einiger Gemeinden, den Konsum alkoholischer Getränke in Gaststätten einzuschränken. Unpopuläre Maßnahme, da der Besuch einer Gaststätte angesichts des normalerweise vor dem Fernseher eingenommenen Biers als gesellschaftliches Ereignis gewertet wird.
Gewerbeförderung	Gärtnerische Pflege einer Steuerpflanze.
Gewerbesteuer	Maßnahme zum Umweltschutz. Durch die G. sollen Unternehmen davon abgehalten werden, Betriebsstätten zu eröffnen und damit die Unberührtheit der Natur und des Lebensraumes zu stören. Besonders Großstädte bemühen sich darum, durch die Erhebung empfindlich hoher G. Unternehmen aus ihren Grenzen zu vertreiben. Das Ziel der Maßnahme ist erreicht, wenn die G. von der Kurtaxe abgelöst werden kann.
Gewerbesteuer, Befreiung von der	Maßnahme zur Sanierung traditionell mit Verlusten arbeitender Staatsbetriebe, die sich jedoch als nicht ausreichend erweist. Daß sie nicht als Gewerbebetriebe im Sinne der Gewerbesteuerdurchführungsverordnung gelten, ist angesichts der Managementziele nur folgerichtig, die offensichtlich jegliches Ertragsdenken ausschließen.
Gewinn	Blühende Wiese für Steuereintreiber.

Gewinn

Gewinnverwendung

Gewinnabführungsvertrag	Übertragung steuerlicher Usancen auf das Verhältnis von verwandten Unternehmen untereinander.
Gewinnausschüttung, verdeckte	Zweifel des Finanzamtes an der Qualifikation eines Geschäftsführers.
Gewinnfestsetzung	Urteilsspruch des Finanzamtes.
Gewinnverwendung	Ein unternehmerisches Problem, bei dessen Lösung die Finanzämter ihre Hilfe anbieten.
Gleichberechtigung von Mann und Frau	Eine steuerrechtlich seit langem gelöste gesellschaftspolitische Forderung.
Goethe, Johann Wolfgang von	Weimarer Steuertheoretiker, der um die Wende vom 18. zum 19. Jahrhundert lebte. G. hat den Grundsatz des Erbschaftssteuerrechtes (siehe dort) festgeschrieben: „Was du ererbt von deinen Vätern, erwirb es, um es zu besitzen."
Goldbomber	Überlieferter Ausdruck für Flugzeuge aus Luxemburg aus der Zeit, in der Gold in Deutschland noch der Mehrwertsteuerpflicht unterlag und das glänzende Metall per Aktenkoffer mehrwertfrei importiert wurde. Heute werden die G. nur noch von Reisenden mit großen Bargeldbeständen in umgekehrter Richtung genutzt (siehe auch Luxemburg, Quellensteuer).
Grundbesitz	Boden, auf dem eine ganze Palette von Steuern wächst.
Grüner Punkt	Bereits die Römer waren zu der Erkenntnis gekommen: pecunia non olet. Der G. ist der Beweis dafür, daß sich daran auch an der Schwelle zum 21. Jahrhundert nichts geändert hat und man immer noch aus stinkendem Abfall mit sauberen Händen gutes Geld machen kann – vorausgesetzt, man greift rechtzeitig zu.

H

Hauptbuch	Das Buch der Bücher – bevor der Computer kam.
Haushaltsführung, ordentliche	Derart komplizierte Abrechnung, daß niemand einen Fehler entdeckt.
Haushaltsplan	Einkaufsliste des Finanzministers.
Heberecht	Verbrieftes Recht zur Ausplünderung von Steuerzahlern.
Hebesatz	Stille Reserve der Gemeinden.
Hehlerei	Steuerbegünstigte Form des Handels, die sich beispielsweise bei Autoradios zu einem der wichtigsten Absatzmärkte entwickelt hat. Problematisch daran ist, daß bei eventueller Betriebsprüfung die Einkaufsrechnungen fehlen und damit die Möglichkeit des Vorsteuerabzuges entfällt.
Heimat, teure	Siehe Neue Heimat.
Heirat	Familienrechtlicher Akt, der unter fiskalischen Gesichtspunkten nur bei sehr unterschiedlich hohen Einkommen zu empfehlen ist.
Hermes Kreditversicherung	Gott des Bundes, der schützend über weltweiten Exporten jeglicher Art schwebt.
Hilfsarbeiter	Arbeiter, der einer Fortbildungsmaßnahme zugeführt werden sollte, um seine Qualifikation als Steuerzahler zu verbessern.
Homo oeconomicus	Mensch, der nur an das eine denkt.
Hundesteuer	Steuer, die wegen der Bissigkeit des besteuerten Objektes nur über einen Umweg, den Halter, einzutreiben ist.

Heirat

Inflation

I

Inflation	Ökonomischer Prozeß, der zur Erhöhung der Steuerprogression führt und deshalb sehr zu begrüßen ist.
Informationszentrale für Steuerfahndungsdienst	Who is Who der Steuersünder, in die nur die Großen ihres Faches aufgenommen werden.
Insider	Besonders anhängliche Freunde von Leuten, die wissen, was aktiennotierte Unternehmen planen. Als Steuerzahler wegen ihrer hohen Gewinne wertvoll, solange sie ihre Konten nicht in Steueroasen (siehe dort) haben.
Internationaler Währungsfonds (IWF)	Organisator großer Tagungen mit internationaler Beteiligung, die meist erhebliche Sicherheitsprobleme mit sich bringen, zur Lösung der weltweiten Währungsprobleme jedoch wenig beitragen.

J

Jagdsteuer	Beitrag zur Erhaltung des Wildbestandes, der allerdings seine Funktion als Abschreckung vor der Jagd bisher nicht erfüllt hat. In der Literatur wird die J. inzwischen mehr unter dem Gesichtspunkt der Vergnügungssteuer betrachtet.
Jahresabschluß	Bild eines Unternehmens, das der Unternehmer selbst gemalt hat.
Jubiläumsgeschenke	Pauschalbeträge, die so bemessen sind, daß sie beim Beschenkten Enttäuschung auslösen und ihn dazu veranlassen, sich bei einem anderen Arbeitgeber umzusehen. Damit wird der zunehmend beklagten Immobilität der Arbeitnehmer entgegengewirkt.
Juliusturm	Reminiszenz an Zeiten, in denen aus dem Etat des Bundes noch etwas übrigblieb.

Kapitalflucht

K

Kaffeesteuer	Macht müde Männer munter.
Kannibalismus-Effekt	Das bei Markenartikeln beobachtete Phänomen der Abwanderung von Verbrauchern auf andere, verwandte Marken eines Unternehmens läßt sich auch bei Steuerzahlern nachweisen (siehe Tabaksteuer, Teesteuer).
Kapitalertragssteuer	Beim Eintreiben der K. zeigt sich, wie flüssig Geld sein kann (siehe Kapitalflucht).
Kapitalflucht	Geld auf Erholungsreise (siehe Steueroasen).
Kartellverbot	Formalistisches Gesetz, bei dem die Auswirkungen auf Unternehmenserträge und damit auf das Steueraufkommen nicht berücksichtigt wurden. Mehrere Industriezweige, von denen vor allem der Bauindustrie Pionierleistungen hoch anzurechnen sind, bemühen sich immer wieder selbst unter Inkaufnahme von Bußgeldern, diese Mängel abzustellen.
Katze	Steuerobjekt (siehe dort), das wegen mangelnder Sportlichkeit der Steuereintreiber von Abgaben befreit ist.
Kilometergeld	Fiskalische Maßnahme zur Verkehrsberuhigung. Sie ist so angesetzt, daß durch sie die Fahrt mit dem eigenen PKW nicht abgedeckt wird und somit der Geschäftsreisende dazu motiviert werden soll, auf die Eisenbahn oder das Flugzeug umzusteigen. Gleichzeitig hilft das K. indirekt, zum Abbau der Verluste der staatseigenen Bahn beizutragen und die Gewinne der mehrheitlich ebenfalls im Staatsbesitz befindlichen Deutschen Lufthansa zu mehren.
Kinderbetreuungskosten	Eine in ihrem Geiste interpretationsbedürftige Bestimmung im Steuerrecht. Denn entweder waren die Autoren noch der Ansicht, die Menschen setzten sich durch Zellteilung oder Selbstbestäubung fort.

Sie können aber auch der Meinung gewesen sein, daß die Frau Haus und Kinder zu hüten habe und deshalb keine zusätzlichen Kosten für die Kinderbetreuung anfielen. Damit sprächen sie allerdings gegen die eigenen Interessen, da Doppelverdiener meist auch bessere Steuerzahler sind. Drittens kann es sich um eine Vorwegnahme des Trends zur kinderlosen Kleinfamilie handeln.

Kindergarten

Wer schon so dumm ist, sich Kinder anzuschaffen, darf vom Staat nicht erwarten, dafür auch noch steuerliche Zugeständnisse eingeräumt zu bekommen (siehe auch Kindergeld). Da zudem vor allem Kinder von ohnehin privilegierten Bevölkerungsschichten den K. besuchen, ist es ohnehin ein Akt sozialer Gerechtigkeit, diese Kosten nicht als steuerlich wirksame Belastungen anzusehen. Das Kind wird allerdings unter steuerlichen Gesichtspunkten durchaus zu einem Kostenfaktor, wenn es für den Ablauf des Produktionsprozesses ein lästiges Hindernis darstellt. Ein Unternehmen, das sich die ungeteilte Arbeitskraft der sonst durch Erziehungs-Aufgaben abgelenkten Mutter sichern will, kann die Kosten des K. als Betriebsausgaben geltend machen.

Kindergeld

Im Volksmund auch „Sprungprämie“ genannte Unterhaltszahlung des Staates für die Aufzucht von die Nation erhaltenden Nachwuchses. Der vulgäre und ausschließlich auf den Zeugungsakt bezogene Ausdruck belegt bereits, daß die gezahlten Summen in keinem Verhältnis zu den Kosten für den Lebensunterhalt und die Ausbildung der Kinder stehen.

Kirchenaustritt

Steuersparende Maßnahme, die nicht nur zur Umlenkung von Geldströmen sondern auch zur Neugestaltung des Stadtbildes führt. Die Pionierleistungen der Hochhausarchitektur werden inzwischen nicht mehr von den Kirchen, sondern vornehmlich von Geldinstituten erbracht.

Kirchensteuer

Abgabe zum Erhalt früher Versuche von Wolkenkratzern.

Kleinaktionär

Kleinaktionär	Beutetier der Quellensteuer.
Kleinunternehmer	Selbständiger, der so wenig Umsatz macht, daß seine Umsatzsteuererklärung dem Finanzamt mehr Kosten verursachen als Einnahmen bringen würde.
Kongreß	Möglichkeit, mit Zuschüssen des Finanzamtes ein Treffen mit guten Freunden zu finanzieren. Sehr beliebt auch, um sich beispielsweise angesichts der seit Jahrtausenden unbeschadet stehenden Schweizer Alpen Gedanken um die Vergänglichkeit des menschlichen Gebisses zu machen.
Kopfsteuer	Eine der ersten, von Mose bereits eingeführten Steuern: „Der Herr sprach zu Mose: Wenn du die Zählung der Israeliten für ihre Veranlagung durchführst, soll jeder von ihnen ein Lösegeld für seine Person zahlen.“ (2. Buch Mose). In einigen Kommunen Baden-Württembergs erfolgreich revitalisiert.
Körperschaftssteuer	Hat mit dem horizontalen Gewerbe nichts zu tun.
Künstlernamen	Werden vom Finanzamt nur geduldet, solange sie zur Vermehrung der Einkünfte gelten. Bei Scheckbuch und Konto jedoch hört der Spaß auf.
Kurtaxe	Beteiligungen des Feriengastes an den Kosten für den Bau von Absperrungen und Kassiererhäuschen rund um die Badestrände. Siehe auch Gewerbesteuer.

L

Länderfinanzausgleich	Auszahlung der Siegesprämien nach einem Catch-Kampf.
Leben, steuerbewußtes	Lebensform, die darauf ausgerichtet ist, Steuern zu sparen. Es empfiehlt sich beispielsweise, den Genuß von hochprozentigen Alkoholika und von Sekt einzustellen und sich statt dessen mit Wein (siehe

Kopfsteuer

Lohnsteuer

dort) zu betrinken. Das Selbstdrehen ist wesentlich steuergünstiger als der Kauf von Fabrikzigaretten. Als wesentliche steuersparende Maßnahme ist die Reduktion der Arbeitseinkünfte zu sehen. Am konsequentesten geschieht das durch Aufgabe einer geregelten Tätigkeit und das Überwechseln in die Schwarzarbeit (siehe dort). Auch Einnahmen aus bettelnder Tätigkeit unterliegen nach wie vor nicht der Einkommensteuer.

Lebende Leute, die sich nur Kleinigkeiten steuerfrei schenken dürfen. Die Freigrenze läßt sich dadurch erhöhen, daß einer der Beteiligten vom Leben in den Tod überwechselt.

Liebesgaben Vor dem Überreichen allzu üppiger Geschenke sollte der Schenkende prüfen, ob die Dame bedürftig und zur Entgegennahme von L. im zollrechtlichen Sinne berechtigt ist. Zu beachten ist ferner, daß Champagner nicht unter L. im zollrechtlichen Sinn fällt.

Lohnkonto Falle für säumige Steuerzahler. Vorbild für die Quellensteuer.

Lohnspitzenverzicht Eine der wenigen legalen Formen des Steuerbetruges.

Lohnsteuer Beitrag, den der Arbeitnehmer für das Wohl des Staates leistet. Da nicht jedem Arbeitnehmer, zumal dem, der mit seinem Geld genau rechnen muß, die staatstragende Funktion seiner Abgabe von vornherein einleuchtet, wird ihm die Entscheidung über die Abführung eines Teils seines Einkommens nicht selbst überlassen, sondern vor der Auszahlung des Lohns abgenommen.

Lohnsteuerhilfeverein Bahnhofsmission für Lohnsteuerpflichtige mit allerdings einem wesentlichen Unterschied: Während die Bahnhofsmission Hotels und Gaststätten Konkurrenz macht, sprechen L. und Steuerberater (siehe dort) sich teilweise überschneidende Kundengruppen an.

Lohnsteuerjahresausgleich Zinsloser Kredit, den der Lohnsteuerzahler durch zuviel gezahlte Lohnsteuer (siehe dort) dem Staat einräumt, die in einfachen Fällen

	am Jahresende vom Arbeitgeber zurückerstattet wird. Um seinen Gläubigern das Einfordern weitergehender Forderungen zu erschweren und sie von diesen Vorhaben abzuschrecken, hat das Finanzamt für diejenigen, die mit der Höhe der bescheidenen Arbeitgeber-Rückzahlung nicht einverstanden sind oder die zum Jahresende keinen Arbeitgeber mehr haben, den Kampf mit den Formularen der Einkommensteuer-Erklärung vorgeschrieben.
Lotteriesteuer	Da auf sechs Richtige und den Jackpot auch kein Verlaß mehr ist, hat sich der Staat durch die Erhebung der L. auf eine sichere Art besonnen, am großen Glück zu partizipieren. Die Freude am Hauptgewinn teilt der Staat ohnehin mit dem Glücklichen. Denn nach einer Schonfrist von einem Jahr hilft er mit einer Vielfalt von Steuerarten bei der Umverteilung des Vermögens.
Ludwig II., König	Als Planer von Schlössern und öffentlicher Wohltäter Vorbild für die in der nachfeudalistischen Zeit amtierenden Finanzminister.
Luxemburg	Bevorzugtes Aufnahmeland für Geld, das der Quellensteuer entflieht. Seitdem Staatsanwälte den Banken ihre Mitwirkung bei der Fluchthilfe erschwert haben, ist Luxemburg auch zu einem begehrten Reiseland für Männer geworden, die ihre Habseligkeiten in unauffälligen Aktenkoffern verstaut haben.

M

Mehrwertsteuer	Phantasiename für die frühere Umsatzsteuer, die dem Steuerpflichtigen die Zahlung dadurch erleichtern soll, daß ihm das Gefühl vermittelt wird, zur Steigerung des Wertes einer Ware beigetragen zu haben.
Mehrwertsteuererhöhung	Große Versuchung, um die der Finanzminister wie um ein verrufenes Etablissement immer wieder verschämt seine Kreise zieht, um dann am Ende der Schwäche des Fleisches doch nachzugeben.

Lotteriesteuer

Mineralölsteuer	Partizipation des Staates an der Freude am Autofahren, dessen Einnahmen sich parallel zur Steigerung der Geschwindigkeit erhöhen (siehe auch Geschwindigkeitsbegrenzung).
Mineralölsteuererhöhung	Der Mechanismus gleicht dem der Mehrwertsteuererhöhung (siehe dort). Die M. erlaubt dem Finanzminister allerdings ein schnelleres Nachgeben, da dasselbe nicht mit persönlicher Schwäche sondern überzeugend mit ökologischen Argumenten begründet werden kann. Das Argument des Umweltschutzes ist so wenig anfechtbar, daß es für jede M. wieder herangezogen werden kann und den Finanzminister sogar noch als Kämpfer für den Erhalt der bedrohten Natur adelt.
Mitnahmeeffekt	Unterstützung der öffentlichen Hand beim Problem, Subventionen zu verteilen.
Mitwirkungspflicht des Steuerpflichtigen	Beichtstunde vor dem Steuerprüfer (siehe auch Aussageverweigerungsrecht).
Mitwirkungspflichtige, sonstige	Ehrenamtlich tätige Gehilfen der völlig überbelasteten Steuerfahnder.
Münzhoheit	Dem Staat vorbehaltenes Recht zur Metallveredelung.
Münzwertzeichendrucker	Programmierbare Falschgeldautomaten der Bundespost.

N

Nachtragshaushalt	Weihnachtsgeld der öffentlichen Hand.
Nachveranlagung	Nachschlag, der den Steuerzahler meist unvorbereitet trifft. Häufig ausgelöst durch Schüttellähmung des Finanzbeamten angesichts leicht verderblicher Produkte steuersparorientierter Erfinder.

Mineralölsteuer
Puth.

Nettoeinkommen Regelmäßig wiederkehrendes Schockerlebnis.

Neue Heimat Musterbeispiel für die Umlenkung von Steuereinsparungen auf die Privatkonten der Geschäftsführer.

Niederstwertprinzip Möglichkeit zur Bildung stiller Rücklagen, die das Finanzamt mit knirschenden Zähnen akzeptieren muß.

O

Oasenerlaß Maßnahme gegen Scheinblüten in Steueroasen (siehe dort).

öffentliche Hand Ausdruck aus der Umgangssprache für den Begriff „große, offene Hand".

P

Pariser Club Vereinigung von Repräsentanten der Industrieländer, die bei einem guten Essen darüber nachdenken, ob und wann die Entwicklungsländer die Rechnung bezahlen.

Parteienspenden Ungewöhnliche Bescheidenheit der Wohltäter, die ihre Namen nicht in Spendenlisten verzeichnet sehen wollen. Hat zur Entwicklung neuer Technologien geführt (siehe Geldwaschanlagen).

Pfändungsgebühren, einsparen von Erheblich günstiger ist es hier, wie meist in der Wirtschaft, mit großen Summen zu arbeiten. Kostet eine Pfändung im Wert von 1.000 Mark noch 9,75 Mark, fallen bei gepfändeten Verbindlichkeiten in der Höhe von 10.000 Mark nur noch 40,75 Mark an. Noch wirtschaftlicher ist es, noch höhere Schulden zu haben. Ab 50.000 Mark beispielsweise werden für jeden weiteren Tausender nur noch 1,50 Mark berechnet. Für einen Schuldner erschließen sich also ungeahnte Rationalisierungsmaßnahmen.

öffentliche Hand

Postgeheimnis

Postgeheimnis	Relikt einer rechtsstaatlichen Ordnung, die für die Steuereintreiber nicht gilt (siehe auch Aussageverweigerungsrecht).
Preisabsprachen, verbotene	Die daraus entstehenden, von den Kartellämtern geforderten Bußgelder sind unverständlicherweise nicht als Werbungskosten absetzbar, denn der Zweck der P. besteht darin, die Erträge eines Unternehmens zu mehren und damit auch seine Steuerkraft.
Progression	Im Steuerrecht verankerte, moderne Form der Daumenschrauben.

Q

Quellensteuer	Steuerlast, die zur Verlagerung der Wohlstandsquellen aus Barvermögen von Deutschland in benachbarte Länder geführt hat. Selbst der massive Einsatz von Staatsanwälten zur Eindämmung von Deichbrüchen in Banken hat das Überschwappen deutscher Bargeldströme vor allem nach Luxemburg nicht aufhalten können.

R

Rabatt	Wird auch bei Barzahlung von Steuern nicht eingeräumt.
Räuber-Beute-Modell	Simulationsmodell zum Verhalten von Steuerzahlern (siehe auch Kapitalflucht, Oasenerlaß, Steueroasen).
Rechtsanwälte	Schlußlicht in der Liste der Durchschnittssätze für die Berechnung der Vorsteuerabzüge.
Rechtsbehelfsbelehrung	Freundliche Geste der Behörden, bei Verwaltungsakten darauf hinzuweisen, daß der Betroffene ihnen nicht ganz ausgeliefert ist. Zum Schutz vor allzu häufigem Gebrauch der gesetzlichen Widerspruchsmöglichkeiten meist unverständlich formuliert und damit eher rhetorisch gemeint.

Rennwettsteuer

Reflexbewegung	Reaktion, für die der davon betroffene Steuerbeamte wenig Verständnis aufbringt.
Reisegewerbesteuer	Selbst unterwegs ist man vor dem Finanzamt nicht sicher.
Reisekostenpauschale	Hinter der R. verbirgt sich ein ganzes Bündel erzieherischer Maßnahmen. Ihr niedriger Ansatz ist vor allem gegen allzu große Mobilität konzipiert worden und soll den Erwerbstätigen vor allem dort festhalten, wo er auch wirklich Geld verdient, und damit die Basis für die Abführung von Steuern schaffen: nämlich an seinem Schreibtisch. Näheres siehe Auslandsreisen, Kilometergeld, Verpflegungspauschale, Übernachtungspauschale.
Rennwettsteuer	Steuer, die eingeführt wurde, da die Anzahl der Pferdesportexperten unter den Finanzbeamten nicht ausreicht, alle Derbys durch einen Vertreter der öffentlichen Hand besuchen zu lassen, der mit einigen Chancen selbst Wetten abschließen kann.
Renten	Für den Steuererheber eine Verlockung wie ein Honigfaß für einen Bären.
Repräsentationsaufwendungen	Versuch der Finanzbehörden, natürliche und einfache Lebensformen populär zu machen.
Rückstellungen	Ergebnis einer überzeugenden kreativen Leistung bei der Erfindung von bösen und bedrohlich agierenden Märchenfiguren.
Rückzahlung von Steuern	Geld, das doppelt zählt, da es in voller Höhe dem versteuerten Einkommen zufließt.

S

Sachverständiger	Person, die dafür bezahlt wird, daß sie sich traut, über Sachen zu reden und zu schreiben, von denen niemand eine Ahnung hat.

Sammlermünzen	Förderungsmaßnahme des Staates für Spekulanten, da für S. der volle Mehrwertsteuersatz anfällt, solange ihr Preis in angemessener Relation zum Metallwert liegt. Übersteigt er ihn jedoch maßlos, halbiert sich der Mehrwertsteuersatz, da der Mehrwert bereits beim Kaufpreis einkalkuliert wurde.
Schachtelprivileg	Auch Krakenprivileg genannte Förderungsmaßnahme zur weiteren Ausdehnung der Tätigkeitsbereiche multinationaler Konzerne.
Schankerlaubnissteuer	Eine – allerdings nur von wenigen Bundesländern erschlossene – Einnahmequelle, die sich mit der Sorge des Gemeindevorstandes um die Gesundheit seiner Untertanen begründen läßt.
Schenkungssteuer	Sinnvollerweise eingeführte Steuer, um der Ausbreitung einer dem menschlichen Erwerbstrieb fremden und daher schädlichen Unsitte vorzubeugen (siehe auch Entwicklungsländer).
Scheunentor	Aus der Steueroase Landwirtschaft entlehnter Begriff für besonders erfolgreiche Steuersparmöglichkeiten (siehe Aufbau Ost).
Schlußbesprechung	Mündliche Urteilsbegründung nach einer Betriebsprüfung, nach der vergleichbar dem amerikanischen Strafrecht die Festsetzung des Strafmaßes mit einiger Verspätung folgt.
Schmuggel	Beliebte Maßnahme zur Umgehung als zu hoch empfundener Verbrauchssteuern.
Schonfrist	Eine hektische Woche, in der der Steuerschuldner sich beeilen muß, das von ihm verlangte Geld zusammenzupumpen.
Schwarzarbeit	Vom Finanzamt als bei dieser Form der Arbeitsabwicklung Außenstehender nicht besonders gern gesehene Kostensparmaßnahme von der alle Beteiligten im allgemeinen profitieren.
Schwarzer Freitag	Vorläufer des Schwarzen Montags (siehe dort).

Schenkungssteuer

Schwarzer Montag

Schwarzer Montag	Symbol für die mit Aktienspekulationen verbundenen Risiken. Nachdem sowohl 1873 als auch 1927 ungewöhnliche Kursstürze das Börsengeschehen interessant und abwechslungsreich gestalteten, fiel der Kurssturz des Jahres 1987 nach diesen historischen Erfahrungen völlig unerwartet auf einen Montag.
schwebende Schulden	Auch der Aufenthalt unter öffentlich schwebenden Lasten ist gefährlich.
Sechshundertzehn-Mark-Klausel	Gesetzlich geregelte Abart der weit verbreiteten Schwarzarbeit (siehe dort).
Segelboot	Position in der Steuererklärung, die den Finanzbeamten weniger zum Träumen animiert, sondern ihn wie ein HB-Männchen zur Decke schießen läßt.
Sektsteuer	Dank des Sekttrinkers an den Staat dafür, daß er den besonderen Anlaß, für den die Flasche geöffnet wurde, erleben darf.
selbständige Arbeit	Eine Arbeit, die sich leider doch nicht von selbst erledigt.
Sicherheitsübereignung	Schlüsselübergabe des Angeketteten an seinen Wächter (siehe auch Sicherheitsleistung).
siebte EG-Richtlinie	Schlange aus dem gesamteuropäischen Dschungel, die sich der Geschäftsberichte bemächtigt hat.
Signalwirkungen	Versuch, einem anrauschenden Steuerzug aus dem Weg zu springen.
Skandinavien	Länder im hohen Norden mit einem ungesunden Klima für Steuerzahler. Arktischer Gegenpol zu den meist in südlicheren Gefilden gelegenen Steueroasen (siehe dort).
Solidarzuschlag	Temporäre Neuauflage einer Zusatzsteuer, die unter verschiedenen Namen immer wieder auftaucht. Wichtig dabei ist, daß der jeweils

Skandinavien

amtierende Finanzminister einen Grund für die Einführung der Sondersteuer findet, der wenigstens im Augenblick der Einführung des Steuerzuschlags auf Verständnis der Allgemeinheit stößt. Vorgänger des S. hatten u.a. so klangvolle Bezeichnungen wie Konjunktur- und Stabilitätszuschlag oder Notopfer Berlin.

Sonderabgaben	Steuern, mit denen Finanzleute Politik machen wollen.
Sonderausgaben	So besonders sind aus dem Blickwinkel des Finanzamtes die meisten Ausgaben denn doch wieder nicht, auch wenn der Steuerzahler da anderer Ansicht ist. Zu den Ausnahmen zählt, obwohl es so etwas Besonderes nun auch wieder nicht ist: Ehefrau, getrennt lebende (siehe dort).
Sonderziehungsrechte	Währung, der ihre Väter so wenig trauen, daß sie nicht einmal Scheine drucken ließen.
sonstige Bezüge	Geschenke des Arbeitgebers, die sich der Beschenkte mit dem Finanzamt brüderlich teilt.
Sparer-Freibetrag	Kleine Freude für Leute, die nicht gerade viel auf dem Konto haben.
Spesen	Der Teil des Lebens, der wirklich Spaß macht.
Spesenrestaurant	Gehobenes Etablissement, dessen Aufgabe nicht mehr die Ernährung seiner Besucher ist, sondern das ihnen gegen einen kleinen Aufschlag auf den Preis der Speisen und Getränke ein gehobenes Selbstwertgefühl vermittelt. Treffpunkt, an dem der Orden der Spesenritter (siehe dort) unter sich ist.
Spesenritter	Orden für Geschäftsleute, die zu leben verstehen. Voraussetzung für die Aufnahme sind hervorragende Weinkenntnisse sowie die Geläufigkeit der wichtigsten Begriffe der französischen Küche. Ihre Wettkämpfe tragen die S. im Spesenrestaurant aus.

Steuerbetrug

Staatsverschuldung	Wie man dabei noch immer lachen kann, bleibt das Geheimnis des Finanzministers.
Steuerabzug	Brutale Methode, dem Einfallsreichtum von Steuerberatern oder der Vergeßlichkeit von Steuerpflichtigen vorzubeugen.
Steueranspannung	Meßgröße, die beim Tauziehen um den Finanzausgleich (siehe dort) entsteht.
Steueranspruch	Anmaßung des Staates.
Steueraufkommen	Spielgeld für den Finanzminister (siehe dort).
Steuerbelastung	Streß, von dem man durch einen Kuraufenthalt in einer Steueroase (siehe dort) befreit wird.
Steuerberater	Pfadfinder für schwieriges Urwaldgelände.
Steuerberater, unfähiger	Pfadfinder, der sich im schwierigen Urwaldgelände entweder auf ausgetretene Wege beschränkt oder sich im Dickicht verirrt.
Steuerberechtigter	Herrscher im modernen Sklavenstaat (siehe Steuerpflichtiger).
Steuerbetrug	Breitensport, der allerdings einen Schönheitsfehler hat: Statt des Siegestreppchens steht am Ende möglicherweise das Gefängnis.
Steuererklärung	Striptease, bei dem man versucht, das letzte Höschen doch noch anzubehalten. Ärger steht allerdings bevor, wenn der derart Getäuschte etwas davon merkt.
Steuererklärungspflicht	Ausdruck feudalistischen Herrschaftsanspruchs des Staates zum Eindringen in die Privatsphäre.
Steuerfahndung	Suche nach neuen Einnahmequellen. Die bei der Suche nach Wasseradern gerne benutzte Wünschelrute bringt allerdings in diesem Fall selten befriedigende Ergebnisse.

Steuerfahndung

Steuerfreiheit	„Das Privilegium, vermöge dessen eine Person oder Sache von der Entrichtung einer bestimmten Steuer befreit ist. Zu allen Zeiten haben sich privilegierte Stände solche S. zu beschaffen gewußt“ (Pierers Konversationslexikon von 1892).
Steuergeheimnis	Weise Anordnung des Staates, über gute Geschäfte nicht zu plaudern und damit nicht überflüssigerweise Nachahmer auf die üppigen Pfründe aufmerksam zu machen.
Steuerhinterziehung	Vermögensbildung nach dem Wenn's-geht-Prinzip. Wenn's denn nicht geht: siehe Selbstanzeige.
Steuerklassen	Abschröpfungsorientierte Klassifizierung der Gesellschaft. Ist erfolgreich sowohl für die Einkommen- und Lohnsteuer als auch die Erbschaftssteuer in Gebrauch.
Steuerkraftmeßzahl	Kennziffer für die Muskelkraft einer Gemeinde im Steuererhebungswettkampf.
Steuerlast	Ergebnis eines sportlichen Trainingsprogramms, bei dem nach und nach die Leistungsfähigkeit der Steuerzahler erhöht wird.
Steuermentalität, germanische	Nicht ganz korrekter Ausdruck dafür, mit dem Steuersystem zufrieden zu sein. Bei Briten sehr viel ausgeprägter als bei Deutschen.
Steuermentalität, romanische	In Frankreich und Italien sehr ausgeprägte Vorbehalte gegen das Steuersystem.
Steuern, ertragsunabhängige	Absicherung des Staates gegen die Unfähigkeit von Unternehmern und Managern, Gewinne zu erwirtschaften.
Steuernachzahlung	Wesentliches Element in einem Kreislauf zur Stabilisierung der Wirtschaft und der Erhöhung des Bruttosozialproduktes. Die bevorstehende S. zwingt den Betroffenen zur Erschließung neuer Einnahmequellen, die wiederum im kommenden Jahr die S. noch höher

	ausfallen läßt, was erneut einen Kreativitätsschub auslöst, welcher im Jahr darauf eine noch höhere S. nach sich zieht, usw.
Steueroasen	Erholungsgebiete für Steuerzahler. Besonders notwendig für Menschen, die unter der Last ihrer Vermögen zusammenzubrechen drohen sowie für Steuerzahler aus dem hohen Norden.
Steuerpflichtiger	Moderne Form des Sklaventums (siehe auch Steuerberechtigter, Zerlegung).
Steuerprüfung	Kostenpflichtige Behandlung für Unternehmer, die an ernsthaften Krankheiten wie Gedächtnisschwund leiden. Das Honorar richtet sich nach der Schwere der Krankheit.
Steuerrecht	Aus der Zeit des Feudalismus in die Moderne hinübergeretteter legalisierter Griff in die Taschen der Untertanen, heute Staatsbürger genannt.
Steuerreform, große	Im heißen Vorwahlkampf entstandene Fata Morgana einer Republik mit niedrigen Steuern und einem hohen Maß an Steuergerechtigkeit. Die Realisierung dieser Luftspiegelung, die einige Monate in Verkennung der wahren Steuer-Verhältnisse ernsthaft diskutiert wurde, hätte verheerende Auswirkungen auf den Arbeitsmarkt gehabt. Die Finanzämter hätten Massenentlassungen durchführen müssen, der Berufsstand der Steuerberater wäre überflüssig geworden, Steueroasen wären ausgetrocknet. Das Schließen von sogenannten Steuerschlupflöchern hätte unübersehbare Folgen für ganze Wirtschaftszweige wie die Produktion hochwertiger Automobile, die feine Gastronomie, die Bau- und Immobilienwirtschaft, die Autoren und Verleger von Ratgebern wie dem vorliegendem Fröhlichen Wörterbuch sowie weiteren von dem Erfindungsreichtum der steuersparenden Berufe profitierenden Branchen gehabt. Die Realisation dieser utopischen Phantastereien wurden von allein Parteien in einmütigem Streit verhindert.

Steuerreform, große

St. Moritz

Steuerreform, routinemäßige	Unverständlicher parlamentarischer Hickhack, bei dem sich nicht viel ändert. Dennoch hat das damit verbundene Procedere einen hohen publizistischen Aufmerksamkeitswert. Die Akteure in diesem Spiel, bei dem es darum geht, Erwachsenen Märchenträume vorzugaukeln, sind vergleichbar mit den Seifenblasen-Jongleuren im Zirkus „Roncalli“.
Steuerrückzahlung	Wunschtraum für Steuerzahler, der nur selten in Erfüllung geht.
Steuerschätzung	Einnahmeträume von Berufsoptimisten, denen regelmäßig ein böses Erwachen folgt.
Steuerverkürzung	Steuersparmaßnahme, die so dilettantisch ausgeführt ist, daß sich der Steuersparwillige dabei erwischen läßt. Der Staat hat durchaus Verständnis für die damit verbundene Naivität und räumt dem Betroffenen das Recht zur Selbstanzeige ein, wenn ihm nur rechtzeitig der skeptische Blick des Steuerbeamten auffällt.
Steuervermeidung	Im Gegensatz zur Steuerverkürzung (siehe dort) legale Möglichkeit zur Reduzierung des persönlichen Beitrags zum Steueraufkommen. Es gibt viele Möglichkeiten zur S.: Die erste und meist praktizierte ist die Anstellung eines Steuerberaters. Erhebliche Auswirkung hat auch das Abwandern in eine Steueroase, was beispielsweise von erfolgreichen jungen Tennisspielern genutzt wird. Auch empfiehlt sich analog zu umweltbewußtem Verhalten ein steuerbewußtes Leben (siehe dort) mit bewußtem Verzicht auf hochbesteuerte Güter.
St. Moritz	Bei Finanzbeamten als Ort mit exzellenten Skiabfahrten und sonstigen Amüsements durch Berichte in Illustrierten so bekannt, daß Kongresse (siehe dort) besser nicht in St. M. selbst stattfinden. Champfèr, Celerina oder Sils Maria bieten sich an, was vor allem beim obligaten Vorhandensein eines Autos und wegen des fürs gesamte Engadin erhältlichen Skipasses die mit dem Kongreß verbundenen sportlichen Verpflichtungen nicht beeinträchtigt.

Strukturreform Unverfängliche Umschreibung für die Erkenntnis, daß aus einem Topf nicht mehr Suppe ausgeteilt werden kann, als zuvor hineingegeben worden ist.

Studienreise Auch eine Art, auf Kosten des Finanzamtes die Welt kennenzulernen. Da die Steuerbeamten, verbittert darüber, daß sie selber so gut wie nie in den Genuß einer S. kommen, derartige die Gesundheit im Sinne des Gemeinwohls strapazierende Exkursionen im Sinne des Steuerrechts nicht als S. anerkennen, wenn der Teilnehmer von seiner Ehefrau begleitet wird, bildet die S. gleichzeitig einen plausiblen Grund, die Welt allein zu erkunden.

T

Tabaksteuer Üppiger Steuertopf, von dem nur naive Gesundheitspolitiker glauben, daß er den Raucher vom Genuß des blauen Dunstes abhalten soll. Stattdessen gilt es, durch vorsichtige, aber regelmäßige Steueranhebungen die Raucher an das offensichtlich Unvermeidliche zu gewöhnen. Die T. eignet sich wegen des schlechten Images des Rauchens hervorragend zur Stopfung anderweitig aufgerissener Einnahmeausfälle des Staates. Bei jeder Steuererhöhung ist der Kannibalismus-Effekt (siehe dort) zu beobachten, d. h. der Verbraucher wandert wenigstens zeitweilig von der Zigarettensteuer in verwandte, jedoch niedrigere Steuerarten ab.

Tantieme Beteiligung von Mitarbeitern und Staat am Gewinn eines Unternehmens.

tätige Reue Die Tat besteht darin, daß der Steuerzahler mit schlechtem Gewissen zum Finanzamt rennt, seine Selbstanzeige abgibt und mit Eingangsstempel versehen läßt, bevor ihm ein Steuerbetrug (siehe dort) oder eine Steuerverkürzung (siehe dort) nachgewiesen werden kann.

Testament Möglichkeit eines Erblassers, sich an seinen Nachkommen zu rächen.

Testament

WENN DIE JETZT NOCH SO HEULEN, IST ES WEGEN DES TESTAMENTS
PUTH

Transithandel	Ein Geschäft, bei dem der Zoll leer ausgeht.
Trinkgeld	Für das großzügige Aufrunden der Rechnung bedanken sich zwei: nicht nur der Kellner, sondern auch der Staat.
Türen, verschlossene	Für Gerichtsvollzieher kein ernsthaftes Hindernis, wenn er Steuerschulden eintreibt.

U

Umsatzsteuer	Bequeme Art des Staates, sich an jeder Form des Konsums zu bereichern.
Umsatzsteuerschuldner	Früher einer, der Umsätze machte, heute jemand, der Mehrwert erzeugt (siehe Mehrwertsteuer).
Umweltabgabe	Ablaß, mit dem sich ein Unternehmen die Befreiung von der Schuld der Umweltzerstörung erkauft.
Umzugskosten	Als Alternative zur Arbeitslosigkeit und damit zur Steuerabstinenz bilden die U. eine Investition des Staates in den Erhalt der Steuerkraft des Umziehenden, der vom neuen Wohnort aus seiner staatstragenden Tätigkeit als Steuerzahler nachgehen kann.
Uniform	Kleidungsstück, das bestimmte Berufsgruppen kenntlich macht, und ihnen zusätzlichen Respekt der zivil gekleideten Bevölkerung sichern soll. Für die Einführung bei Steuerbeamten zwar erwogen, jedoch wegen der Gefahr tätlicher Angriffe wieder verworfen.
Unland	Teile eines Grundstückes, die es steuerrechtlich eigentlich überhaupt nicht gibt.
Urheber	Kreativer, dessen Kopf besteuert wird. Denn die daraus entspringenden Gedanken werden direkt mit Mehrwertsteuer belegt.

Türen, verschlossene

Urlaubsgeld

Urlaubsgeld	Auch während der schönsten Wochen des Jahres bleibt der Staat stets an deiner Seite.

V

Veranlagung	Musterung des Steuerpflichtigen.
Verbrauchssteuern	Steuern, die wie von selbst nachfließen, da der Steuerzahler die damit belasteten Waren konsumiert hat und sie sich ständig neu beschaffen muß.
Vergeßlichkeit	Unter Steuerpflichtigen weit verbreitete Krankheit. Als Heilmittel gelten Steuerfahndung (siehe dort) und Steuerprüfung (siehe dort). Als sichtbares Zeichen der Genesung gilt die Selbstanzeige.
Vergnügungssteuer	Abgabe, um die Bürger vor gefährlicher Leichtlebigkeit zu schützen.
Verlust	Ein steuerlich betrachtet höchst interessantes Ergebnis einer wirtschaftlichen Tätigkeit, dessen Wert hin und wieder auch überschätzt wird.
Verlustvortrag	Fiskalischer Ausdruck für Lottogewinn, der auch käuflich erworben werden kann (siehe Firmenmantel).
Verlustzuweisungs-gesellschaft	Unternehmen, das Verluste erzeugt und sie mit guten Gewinnen verkauft. An ihrer Spitze steht meist ein Finanzexperte (siehe dort).
Verpflegungspauschale	Gesundheitsförderndes Programm, mit dem wenigstens auf Dienstreisen durch intensives Fasten der steigenden Übergewichtigkeit der Bevölkerung entgegengewirkt werden soll.
Verrechnungspreise	Legale Möglichkeiten von international operierenden Unternehmen, durch die Festlegung der Preise für interne Lieferungen die Kosten in Hochsteuerländern zu konzentrieren und Gewinne in Steueroasen

Verpflegungspauschale

	(siehe dort) zu verlagern. Sie schaffen sich damit unabhängig von der Steuerpolitik der einzelnen Produktionsstandorte einen internen Steuerausgleich.
Verschwendungssucht	Voraussetzung zur Berufung in das Amt eines Finanzministers.
Versicherungssteuer	Wer es sich schon leisten kann, sich gegen die Unbilden des Lebens zu schützen, dem kann man es wohl auch zumuten, noch ein kleines Sonderopfer an den Staat abzuführen.
Verspätungszuschlag	Fiskalische Abart der im Strafrecht gebräuchlichen Beugehaft.
Vertrag, lästiger	Untauglicher Versuch, das Anfallen einer Schenkungssteuer (siehe dort) zu umgehen.
Vervielfältiger	Steuerrechtlich nicht etwa ein Fotokopierer, sondern Multiplikator für die Bewertung von Häusern, Nutzungsrechten und Renten.
Verwaltung	Synonym für Geldausgeben.
Veuve Cliquot	Dame der besseren Gesellschaft, deren Andenken bei den Wettkämpfen der Spesenritter (siehe dort) besonders hoch gehalten wird.
Vollstreckung, Einwände gegen die	Geschwätz, durch das sich ein ordentlicher Verwaltungsbeamter von der Erfüllung seiner Pflicht nicht abhalten läßt.
Vordruck	Amtliches Papier, das vor der Erfindung der Schreibmaschine nach dem Prinzip des Zufalls entwickelt wurde.
Vorsteuerabzug	Kürzung der eigenen Steuerlast durch das, was der Staat sich zuvor bereits bei anderen geholt hat.

Veuve Cliquot

W

Währungsschlange	Prähistorisches Tier, das bei der Flucht aus dem Tunnel ums Leben kam.
Wareneinfuhr	Wieder ein schöner Grund, Steuern zu erheben.
Wegzoll	Weitgehend in Vergessenheit geratene Steuerart, die mit der Einführung der Autobahngebühr in einigen europäischen Ländern wieder in Mode kommt. Auch dürfte der Bau großer, kostenpflichtiger Wasserquerungen wie des Kanaltunnels und der dänischen Beltbrücken zu einer Renaissance des W. führen.
Weichwährungsländer	Länder, in denen, meist durch äquatoriale Sonneneinstrahlung verursacht, die Währung zerfließt.
Weihnachtsgeschichte	Frühe nachgewiesene Erwähnung einer Steuerschätzung. In Lukas 2 heißt es: „Es begab sich aber zu der Zeit, daß ein Gebot vom Kaiser Augustus ausging, daß alle Welt geschätzet werde. Und diese Schätzung war die allererste." In der letzten Aussage allerdings irrte der Jünger Lukas allerdings offensichtlich (siehe Kopfsteuer).
Wein	Das einzige unter den geistigen Getränken das als Lebensmittel angesehen und nicht mit einer besonderen Steuer belegt wird.
Weineinkauf, steuersparender	Läßt sich in geringem Umfang durchaus als Bewirtungsspesen (siehe dort) absetzen. Obwohl die auf diesem Gebiet arbeitenden Restaurants meist so teuer sind, daß man sie nicht aus versteuertem Einkommen bezahlen kann und sie damit für Steuerbeamte erst recht verschlossen bleiben, ist allein der Preis keine Garantie dafür, daß diese Form des steuersparenden W. den Behörden unbekannt bleibt. Es empfiehlt sich, mit mehreren Lieferanten zusammenzuarbeiten.
Werbungskosten	Maßnahme des Finanzamtes, durch die steuerliche Absetzbarkeit aller Maßnahmen, die zur Sicherung der Einnahmen des Steuerzah-

Wegzoll

	lers dienen, diesen als sichere Einnahmequelle zu erhalten. Fiskalische Erscheinungsform des aufgeklärten Feudalismus.
Westerland	Siehe St. Moritz. Hier bieten sich als Alternativen Rantum oder Tinnum an. In keinem Fall sollte der Kongreß in Keitum stattfinden, das durch unbekleidete Prominenz bei Buhne 12 bundesweit bekannt wurde.
Window dressing	Schönheitskur der Bilanz vor allem für Banken, bei der für die Steuer meist nichts abfällt.
Wirtschaftsjahr	Erkenntnis der Steuerbehörden, daß in der Regel das Jahr aus 12 Monaten besteht.
Wohnungsbau, steuerbegünstigter	Arbeitsplatzerhaltende Verführung zum Schuldenmachen, mit der ganze Wirtschaftszweige wie die Bauindustrie, Zulieferer, Banken und Bausparkassen gefördert werden. Als Rezept gegen die Arbeitslosigkeit jedoch umstritten.
Würstchenzähler	Steuerfahnder an einem Imbißstand.

Y

Yachten, dänische im deutschen Grenzgebiet	Schnapsdampfer.

Z

Zahlungsmittel, gesetzliche	Bisher vom Staat vernachlässigte Steuereinnahmequelle. Angesichts der ständigen Geldentwertung wäre es allerdings auch unglücklich, die G. mit einer Mehrwertsteuer zu belegen.
Zahnarztschiffe	Seeschiffe, für die es keinen Bedarf gibt und die von gut verdienenden Freiberuflern – unter ihnen sind Zahnärzte besonders zahlreich

vertreten – in der oft trügerischen Hoffnung auf Steuerersparnisse gebaut werden. Wichtigster Zweck dieser Schiffe ist es, während einer Gästefahrt den Finanziers bei schönen Reden, einer Gratismahlzeit im Laderaum und reichlich fließenden, kostenlosen alkoholischen Getränken ein paar unvergeßliche Stunden auf See zu bescheren. Zum Bedauern der wasserliebenden Investoren aus dem Binnenland ein steuerliches Auslaufmodell, von dem nur noch einige wenige Exemplare auf Geldsuche sind.

Zehnter

Erste urkundlich erwähnte Steuerfestsetzung, die Fiskalforscher bereits im 3. Jahrtausend vor Christus nachweisen. Mit einem Gelübde, wie es im 1. Buch Mose nachzulesen ist, versuchte Jakob offensichtlich, einer Zwangsmaßnahme zuvorzukommen: „Von allem, was du mir schenkst, will ich Dir den zehnten Teil geben.“ Heute ist dafür der Ausdruck Selbstanzeige gebräuchlich.

Zentralbankrat

Debattierclub reisefreudiger Banker, die regelmäßigen Gedankenaustausch darüber pflegen, was das Geld so alles anstellt, meist jedoch weise darauf verzichten, durch Beschlüsse irgendwelcher Art auf die Spiele des Geldes Einfluß zu nehmen.

Zerlegung

Moderne Form des römischen Gladiatorenkampfes, an dem die Steuerpflichtigen in der Arena und die Steuerberechtigten auf den Tribünen teilnehmen. Die Steuerberechtigten tragen den Wettkampf unter sich erst aus, wenn die Opfer die Arena verlassen haben (siehe Zerlegungsmaßstab).

Zerlegungsbescheid

Urkunde, in der die Reihenfolge der Sieger im Wettkampf um die von den Steuerpflichtigen erpreßten Schätze festgeschrieben wird (siehe auch Zerlegungsmaßstab).

Zerlegungsmaßstab

Ergebnis eines heftigen, mehr oder weniger sportlichen Tauziehens zwischen Gemeinden und Bundesländern um die bei Unternehmen anfallenden Steuern, die an verschiedenen Orten angesiedelt sind.

Zentralbankrat

Zielkonflikt	Begründung dafür, nichts zu tun.
Zinsgefälle	Ein Strom, gegen den das Geld anschwimmt.
Zölle	Zuschläge, die anderenorts billige Waren zu Luxusgütern machen. Ursprünglich hatten die Finanzbehörden durch die Z. Anteil an den Profiten weltweit tätiger Kaufleute. Heute hat sich der Zoll als Steuer weitgehend verselbständigt.
Zollzoo	Siehe Freihafen.
Zweitwohnungssteuer	Glänzende Idee einiger Kurorte, am Trend zum Zweithaus zu partizipieren und einen Anteil am steigenden Wohlstand in die eigenen Kassen umzuleiten. Die Initiative der Kurorte kam bei den steuerlichen Wünschelrutengängern so gut an, daß sie von vielen Großstädten einfach übernommen sowie von Universitätsstädten als erster Schritt zu einer bereits angepeilten Studiengebühr etabliert wurde.

Fröhliche Wörterbücher von A-Z

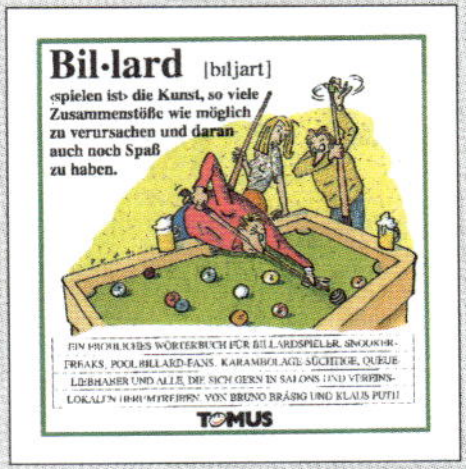

Fröhliche Wörterbücher von A-Z

Fröhliche Wörterbücher von A-Z

Fröhliche Wörterbücher von A-Z

Fröhliche Wörterbücher von A-Z

Post
rad·fah·ren
rei·ten
Rad·renn·sport
Ret·tungs- und Sa·ni·täts·dienst
Ru·he·stand
Sau·na & So·la·ri·um
Schu·le
Schüt·zen·ver·ein
se·geln
Se·kre·tä·rin
Ski·fah·ren
Snow·boar·ding
Spaß beim Backen
Fröhliche Wörterbücher
von A-Z
sport·flie·gen
Sport·schau·en
Squash
Steu·ern & Fi·nan·zen
stu·die·ren
sur·fen

Fröhliche Wörterbücher von A-Z